LA DÉMOCRATIE

ET LE

PRÉJUGÉ DE COULEUR

AUX ÉTATS-UNIS D'AMÉRIQUE,

LES NATIONALITÉS AMÉRICAINES

ET

LE SYSTÈME MONROË

PAR D. DELORME,

DU CAP HAITIEN (HAITI).

BRUXELLES,

TYPOGRAPHIE DE H. THIRY-VAN BUGGENHOUDT,

22, rue de l'Orangerie, 22.

1866

LA DÉMOCRATIE

ET LE

PRÉJUGÉ DE COULEUR

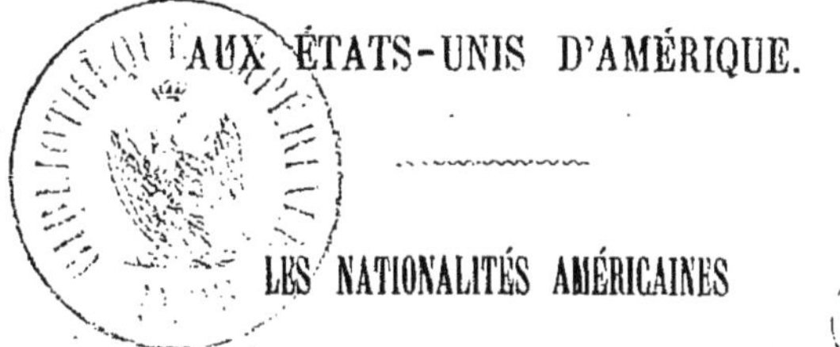

AUX ÉTATS-UNIS D'AMÉRIQUE.

LES NATIONALITÉS AMÉRICAINES

ET

LE SYSTÈME MONROË

Par D. DELORME,

DU CAP HAÏTIEN (HAÏTI).

BRUXELLES,

TYPOGRAPHIE DE H. THIRY-VAN BUGGENHOUDT,

22, rue de l'Orangerie, 22.

1866

A

la République d'Haïti

Ma Patrie Bien-Aimée.

LA DÉMOCRATIE

ET

LE PRÉJUGÉ DE COULEUR

AUX ÉTATS-UNIS D'AMÉRIQUE.

LA DÉMOCRATIE

ET

LE PRÉJUGÉ DE COULEUR

AUX ÉTATS-UNIS D'AMÉRIQUE.

C'est aux États-Unis d'Amérique que le système de la république a été pratiqué dans le monde sur une plus grande échelle. Jamais pays d'une si grande étendue, d'une si nombreuse population et d'une richesse matérielle si considérable, n'avait été régi par des institutions démocratiques.

Les républiques grecques de l'antiquité ne consistaient guère qu'en une seule ville, étendant son autorité sur un rayon de quelques lieues; et les richesses que donnent le commerce et l'industrie y étaient pour ainsi dire inconnues.

Carthage, il est vrai, n'était qu'un grand et riche comptoir; mais le territoire de la république était resserré de toutes parts autour d'elle. Son empire était la mer.

Rome, après ses rois, eut une république, plutôt dans le sens étymologique du mot, que d'après ce qu'on appelle les principes démocratiques. C'était la noblesse qui gouvernait l'État, comme de nos jours en Angleterre; et ces patriciens, si fiers de leurs priviléges, ne descendaient pour la plupart que des familles nobiliaires de l'ancienne royauté. Plusieurs même faisaient remonter leur illustration héraldique aux âges divins de Romulus et d'Énée. Aussi vit-on éclater un *tolle* général sur les tribuns, qui demandaient la participation du peuple au gouvernement effectif de l'État.

Les plus grands des consulaires par les vertus ou par le talent se réunirent dans une ligue commune contre les fauteurs de démocratie. Des hommes comme Marcellus, Caton ou Cicéron, ne se contentaient pas de partager cette politique. Ils s'en étaient faits les chefs. Chacun des ouvrages de ce dernier en porte au long le témoignage.

A cette époque, César était déjà en scène.

Du reste, durant le règne légal des consuls, des dictatures nombreuses interrompirent le gouvernement des lois. De sorte qu'on peut dire que la république à Rome n'a vécu qué d'une vie fébrile et convulsive. C'était à peine la république. C'était plutôt l'administration de la chose publique, *rei publicæ*, par un ordre privilégié.

Vinrent plus tard les républiques du moyen âge. Celles-ci, comme celles de la Grèce, n'ont été que de petits États circonscrits le plus souvent aux limites d'une seule ville. Et le plus souvent aussi, elles n'ont été que des théâtres sanglants de proscriptions et de carnage.

Venise seule eut du territoire et des richesses. Mais Venise était une oligarchie. Ce n'était pas la république.

Longtemps après, l'idée républicaine surgit dans le Nord. Alors on assista à une longue tragédie, née de la lutte des stathouders et des patriotes. En outre, la république néerlandaise, qui avait toujours à disputer aux flots le peu de sol ferme que foulaient ses citoyens en petit nombre, ne possédait pas une bien grande étendue de pays.

Les Suisses, célèbres par la guerre de leur indépendance et plus anciennement libres que ces derniers, ne sont, eux-mêmes, qu'un héroïque petit peuple, vivant à l'étroit entre ses lacs et ses montagnes.

La république, deux fois malheureuse sur la noble terre de France, n'a pas encore pu s'y établir dans le calme et la stabilité, pour l'édification du genre humain.

C'est donc en Amérique que la république a trouvé jusqu'à nos jours la réalisation la plus complète, sous le rapport multiple de la population, du territoire, de la durée, du rouage facile, du commerce et de la fortune publique.

Il était réservé au Nouveau-Monde de démentir l'axiome européen de Montesquieu, qui ne voyait la république possible que dans des pays *lilliputiens,* et d'enseigner à la vieille sagesse de l'Europe la mise en pratique des vérités éternelles sur lesquelles se fonde le gouvernement républicain.

Mais, à ce mot sonore de vérités éternelles, la plume hésite et s'arrête. La république des États-Unis a-t-elle généralement respecté ces principes sacrés en dehors desquels il n'y a que violence, mensonge, iniquité? — Il faut dire non, en dépit des sympathies qu'on nourrit au fond pour ce nouveau peuple de la liberté et de la légalité, mais non pas, hélas, de l'égalité.

Ce n'est point dans des causes fortuites qu'il faut chercher l'explication de ce non-sens qui entachait la grande république américaine, et par lequel le pays de la liberté par excellence s'est trouvé en même temps la terre classique de l'esclavage, de l'exploitation brutale d'une race d'hommes par une autre. C'est dans l'origine même de cette nation qu'il faut chercher la raison de cette inconcevable contradiction.

Deux principes contraires ont présidé à la formation du peuple américain. Ces deux idées ennemies, sous une forme plus générale, ont rempli l'histoire de leur lutte incessante. L'humanité a souffert ou a vécu des jours de paix suivant que l'une ou l'autre l'a emporté dans la vie sociale.

Nous voyons, en effet, que le spiritualisme et le sensualisme se sont toujours disputé la direction morale des sociétés. Et le mal ne vient pas de ce qu'il y a dans ce dualisme un *esprit du mal*, dont la victoire soit funeste à l'humanité; mais plutôt de ce que les deux principes n'ont pas encore compris la nécessité de se réconcilier, de s'unir, pour donner la paix à l'univers.

Il n'y a pas ici la vieille querelle manichéenne d'un bon et d'un mauvais génie, d'un Oromaze et d'un Arimane universels, devant toujours se combattre et vouant ainsi le genre humain à un tiraillement perpétuel. C'est bien plutôt la compétition de deux idées sociales, faites pour s'entendre dans le monde des faits, et destinées à faire, par leur alliance, la félicité de la race humaine. La matière est une vérité tout aussi bien que l'esprit. L'un et l'autre ont des satisfactions légitimes à poursuivre sur la terre.

Mais si l'intérêt matériel l'emporte sur les aspirations morales, on voit immédiatement baisser le niveau des sentiments généreux qui maintiennent la justice et la concorde au sein des sociétés. L'intérêt prend la place du devoir, la jouissance remplace la morale, la force triomphe du droit.

C'est au milieu d'un pareil état social que les guerres civiles désolèrent la république romaine. C'est à la faveur de ce beau triomphe du matérialisme sur le principe opposé que Sylla dressa les tables de proscription, que les lois s'écroulèrent sous la main du vainqueur des Gaules, et que plus tard, ce fier sénat romain, devant qui s'inclinaient tous les rois de la terre, s'honora d'élever au rang des dieux les empereurs qui l'avaient le plus humilié. C'était Épicure qui avait vaincu.

Quand, au contraire, c'est l'idée spiritualiste qui a le dessus, elle ne sait pas assez s'arrêter à temps. Elle pousse à l'excès. Elle dépasse le but. La grande difficulté en ce monde, c'est de savoir trouver le juste milieu. L'homme, nature finie, ne saurait prétendre à l'infini sans tomber dans l'absolu.

Ainsi, le spiritualisme poussé à l'exagération, a produit dans presque tout l'Orient, excepté la Chine, cette résignation contemplative, cet apathique mysticisme, qui a arrêté les progrès, la culture des arts et des industries, source du bien-être des sociétés.

Et ce bien-être matériel est pourtant nécessaire, on peut dire même indispensable, pour faciliter à l'homme l'accomplissement du devoir, et tourner vers le ciel son regard tranquille et sans larmes.

Ainsi, au moyen âge, la doctrine spiritualiste du christianisme, qui venait d'opérer contre la violence des barbares une si bienfaisante réaction, ne sut pas s'arrêter au but. Poursuivant à l'aveugle sa lutte contre les intérêts mondains, elle créa ce triste système d'ascétisme, de renoncement absolu à toutes les joies de ce monde, de résignation inerte à toutes les souffrances, à toutes les misères possibles, en vue de mériter le ciel sans effort.

Cette doctrine extrême, qui n'était pas dans la pensée primitive du christianisme, voua l'Europe et le monde à des siècles nombreux d'oppression et de servage. C'est sur elle que s'appuyait la féodalité qui, sans elle, n'eût pas pu durer.

Cependant ce principe spiritualiste est, sans contredit, le dogme le plus élevé, le plus vrai, le plus salutaire, qui soit dans le monde. Il contient en soi tout l'avenir de l'humanité, tout cet avenir d'élévation morale, d'égalité, de fraternité, que rêvent les grands penseurs de nos jours. Mais c'est à condition qu'il ne proscrive pas la matière comme principe du désordre et du mal; mais qu'il s'entende avec elle pour mener l'homme au but de sa double existence, corporelle et spirituelle.

Aux États-Unis d'Amérique, c'est la tâche contraire qu'on crut avoir à remplir. C'est l'intérêt matériel qu'on crut avoir à développer outre mesure. On sacrifia dans ce but le principe opposé. On écarta l'une des deux bases sur lesquelles, ainsi qu'on va le voir, l'édifice s'était élevé. Et l'exagération du culte exclusif de l'intérêt amena l'iniquité sociale qui nous occupe ici. Tant il est clair que l'homme ne peut atteindre le vrai que dans ce juste milieu dont nous avons parlé plus haut.

En effet, les deux traits distinctifs du caractère originaire de cette vaillante et intelligente population qui suivit Washington et Franklin à la conquête de l'indépendance, furent le puritanisme d'un côté, et l'activité industrielle, de l'autre : l'esprit profondément religieux de ces sectaires puritains que le parti catholique en Angleterre, sous les Stuarts, reléguait si souvent en Amérique, d'une part ; et de l'autre, cet esprit de lucre, de richesse promptement acquise, naturel à la vie coloniale, et qui devait se résumer plus tard dans cette expressive formule : *Go ahead.*

De ces deux éléments se donnant carrière au sein d'une société nouvelle, sans histoire, sans traditions, l'un devait nécessairement vaincre l'autre. Mais il n'y a pas eu seulement victoire, il y a eu destruction complète du vaincu par le vainqueur. Le principe puritain disparut.

Ce déplorable résultat n'avait pas tardé à se produire. L'esprit de désintéressement et d'enthousiasme des chevaliers français, compagnons de Lafayette, ne brûla pas longtemps sur le sol américain. Il s'éteignit vite, au souffle glacé de l'intérêt. Le profit resta la loi suprême.

Qu'importe de s'élever par le devoir, par la charité, à cet idéal sublime qu'avaient prêché les docteurs du puritanisme ! Cette doctrine austère et rigoureuse, cet impassible stoïcisme chrétien, peut-il bien se plier, se demanda-t-on aux États-Unis, à un peuple tout de planteurs et de marchands ?

L'Américain, homme positif avant tout, jugea que cette religion trop sévère allait contrarier la production de la canne à sucre et du coton, retarder le développement commercial et maritime de la république.

Alors on fit la traite. La république, se contredisant, la *cultiva* comme la colonie. Elle, si fière de sa logique positive, de la rectitude mathématique de son jugement, elle ne s'aperçut pas qu'elle était dans une inconséquence. Elle venait de revendiquer la liberté, et elle ne détruisit pas la servitude. Elle proclamait la démocratie et l'égalité, et elle conservait l'esclavage ! Etait-ce là ce que pensait Voltaire, qui lui prédit son triomphe, quand il disait aux fils de Franklin : *God and liberty ?*

Ainsi la traite fut maintenue. Et on la fit dans des proportions jusque-là inconnues.

Les nègres, achetés en Afrique par cargaisons énormes, furent transportés pêle-mêle dans les ports d'Amérique, vendus comme du bétail dans les marchés, et distribués dans les plaines comme les bêtes de somme et de labour pour les travaux de l'agriculture.

Qu'avait-on besoin de laisser ensemble la mère et la fille, le père et ses enfants, le mari et la femme ? A quoi bon tous ces scrupules ? On les empilait par lots, pour les vendre avec plus de profit. Il fallait bien que dans chaque lot il y eût des forts et des chétifs. Ou bien, celui qui achète la mère n'a pas besoin de prendre avec lui le marmot de quatre ans ; qui va empêcher l'esclave de faire bien son ouvrage.

Ce planteur, qui veut avoir cette belle négresse aux dents blanches et aux longs yeux, n'a que faire d'emmener avec elle son mari, qui n'a pas l'air assez robuste. Celui-ci sera acheté par un autre, et ira, à deux cents lieues de celle qu'il prit devant Dieu pour compagne de ses jours, suer, souffrir et mourir au service de son maître, sans avoir jamais revu ni sa femme ni ses malheureux enfants.

Et si, au milieu des brûlantes chaleurs du jour, courbé sur la glèbe qu'il sarcle depuis le matin, l'idée de cette femme lui revient ; s'il revoit l'image de cette femme chérie, de cette famille dispersée, des lieux aimés, autrefois témoins de son bonheur et de sa liberté, et qu'essuyant la sueur de son front, il se laisse aller à ce mirage perfide, alors le fouet du conducteur le réveille de son rêve, et la douleur du supplice le rappelle à la réalité.

Bien inutile, sans doute, d'esquisser ici un tableau pathétique des horreurs de l'esclavage. *L'Oncle Tom* en a assez dit pour faire sentir aux hommes de cœur ce que c'était que la condition des esclaves chez les planteurs.

Certainement le puritanisme, dans sa probité rigide, n'eût pas permis cette impitoyable exploitation de la créature humaine. Mais le puritanisme avait été soigneusement écarté, et il en était resté un christianisme accommodant et moins gênant.

Cependant, il faut bien le reconnaître, la république des Etats-Unis est le meilleur modèle connu du gouvernement démocratique. Là, chacun peut arriver à tout. Pas la moindre trace d'aristocratie ni de privilége. Le mérite, la capacité, sont les seules conditions nécessaires.

La plupart des plus grands hommes d'Etat et des présidents de la république sortent des plus humbles conditions sociales. Ils se sont faits d'eux-mêmes, et n'ont pas eu besoin de se faire graduer dans les études universitaires.

Sous le rapport intellectuel comme sous le rapport politique, ils se sont affranchis de toutes les traditions hiérarchiques de l'ancien monde. L'enseignement n'est pas assujetti à ce qu'on appelle les études classiques, la rhétorique, les humanités.

Nulle part, si ce n'est en Allemagne, l'instruction primaire n'est aussi répandue. Sur cette base élémentaire, le citoyen américain, livré au libre arbitre de son intelligence et de son goût, cultive le genre d'études qu'il lui plaît d'embrasser.

Et la république est bien servie. On le voit suffisamment d'ailleurs aux effets qu'elle produit.

Une marine considérable, des finances inépuisables, une industrie qui ne le cède à aucune autre, une puissance respectée,
sont les meilleures preuves qui se puissent fournir de l'habileté
des hommes politiques des Etats-Unis.

Il y aura bientôt un siècle que la république fédérale est insti-
tuée, et jamais dans cet espace de temps , il ne s'est produit
aucune dictature, aucune usurpation de pouvoir. Jamais il n'a été
nécessaire d'interrompre le règne des lois fondamentales de l'État,
pour combattre par le pouvoir d'un seul des dissensions intestines.
Aucun président de l'Union n'a jamais eu l'idée d'enlever le pouvoir absolu ni d'essayer du despotisme. Depuis Washington, il n'a
pas fallu un autre Cincinnatus arraché à sa charrue pour sauver la
république. Point de Coriolan, point de Catilina, ni de 18 bru-
maire.

On vient de voir avec étonnement qu'au milieu d'une guerre
civile, longue et acharnée, l'action des lois n'a jamais cessé.
On craignait assez généralement qu'à l'issue de cette guerre, les
généraux qui s'y étaient distingués ne fussent tentés de porter
atteinte à la constitution. Tout s'est passé cependant avec la plus
grande légalité.

La presse, régie par le droit commun, jouit d'une liberté qui n'a pas d'exemple. La tribune, respectée comme la voix du pays, n'a jamais subi la moindre entrave.

Et cependant la république occupe un territoire infiniment plus grand que la plupart des monarchies européennes ; et ce territoire est couvert d'une population immense, en rapport avec son étendue.

Rousseau a dit, on s'en souvient, pour donner à la fois une idée de l'excellence de la forme républicaine et de la difficulté de réunir les vertus civiques nécessaires à son exercice, que la république conviendrait à des dieux.

On ne pense pas généralement que les américains du Nord soient des dieux. Et cependant ils ont réalisé la république.

On se donne, il est vrai, force coups de poing ou autres caresses autour de l'urne électorale ; cela peut être un autre effet de la priorité, dans ce pays, de la matière sur l'esprit ; mais cela n'empêche pas que le pays ne soit puissant et prospère, et les citoyens essentiellement libres et égaux.

Mais les noirs, sont-ils égaux aux autres ? Ici la question change de face. Les noirs, d'après la subtilité philosophico-politique de la république, ne peuvent pas être des citoyens. C'est une race à part et inférieure.

Telle est l'explication sacramentelle de cette contradiction du préjugé de couleur aux États-Unis. Ce n'est, il faut en convenir, que par un tel effort de casuistique qu'on pourrait trouver la justification de cette iniquité. Des motifs d'intérêt les avaient d'abord fait décréter d'infériorité. Et cette fiction intéressée a perpétué le préjugé en vertu duquel l'homme noir, même libéré de l'esclavage, vit sans droit de citoyen dans la démocratie américaine.

Mais les noirs sont-ils bien, comme on l'a dit, les produits d'une race inférieure? La science anatomique n'a-t-elle pas suffisamment démontré leur identité physique avec le type caucasien? Et les succès des hommes de cette race dans les universités européennes n'ont-il pas assez affirmé l'égalité intellectuelle de la race calomniée avec les races de l'Europe?

Il y a, au milieu du grand archipel américain, une jeune nation de race africaine, née au milieu des convulsions de la révolution de 89, et qui, formée par la salutaire influence de l'esprit français, poursuit avec honneur, depuis le commencement de ce siècle, la tâche d'inaugurer dans le monde la civilisation des races retardataires de l'Afrique.

Ce peuple, qui n'a pas encore pu réaliser les grands progrès matériels dont les États-Unis avaient en eux les éléments, déposés par la métropole; ce peuple, qui porte religieusement au fond du cœur le sentiment d'une mission providentielle, suffit, à lui seul, pour détruire tous les sophismes qui ont jusqu'ici servi dans le monde à opprimer et à mépriser les races noires de l'Afrique.

Il suffirait, en effet, de faire un tour au milieu des populations hospitalières de la république d'Haïti, pour se convaincre que nulle part l'intelligence humaine ne se révèle avec plus d'évidence. Le peuple des mornes et des campagnes, illettré mais non stupide comme tant d'autres populations rurales, témoigne d'une grande rectitude de jugement et d'une vivacité d'esprit qui trouve son développement dans les classes élevées de la société. Là, une instruction facile et variée, des lumières laborieusement acquises, le goût prononcé de tous les arts de la civilisation européenne, une application généreuse à suivre la marche de l'esprit français dans le monde, et en même temps un amour profond de l'indépendance et de la nationalité, forment les traits caractéristiques de la société haïtienne, encore trop peu connue en Europe.

Cependant, nombre de jeunes Haïtiens, qu'il n'est plus possible d'appeler des exceptions, tiennent une place distinguée dans les colléges de Paris, du Havre, de Boulogne. Tous arrivent à des succès qui font l'espoir de leur patrie. Plusieurs ont déjà remporté à la Sorbonne les premiers prix du grand concours.

D'autres, dont le pays s'honore à juste titre, ont suivi l'utile carrière des sciences, et se sont fait recevoir en plein Paris docteurs en médecine, ingénieurs civils, licenciés en droit.

Quelques-uns enfin, voués à la culture des lettres, ont donné à la République des écrivains d'un beau mérite ; et plusieurs d'entre eux

2

ont déjà traité avec un savoir remarquable des questions difficiles d'économie politique et de science administrative.

Mais, sans mettre en cause les hommes de couleur et les noirs d'Haïti, que leur histoire, leur caractère, leur nationalité, leurs aptitudes supérieures, ont placés depuis longtemps à la tête de la race; sans compter ceux de la nouvelle République de Libéria, qui se développe en ce moment sur la côte d'Afrique avec tant d'ordre et d'intelligence; ceux des États-Unis eux-mêmes réfutent assez victorieusement les subtilités inventées pour les opprimer.

Les principes d'ordre et de travail qu'ils ont professés dans tous les temps, dans la liberté comme dans l'esclavage; le courage intrépide qu'ils ont déployé durant la guerre, la nette intelligence de leurs intérêts qu'ils ont montrée depuis la paix, dans leurs meetings, dans leurs adresses au Congrès, tout indique en eux des hommes égaux à tous les autres hommes.

Du reste, il n'était pas nécessaire d'argumenter pour justifier les hommes noirs de l'Amérique. Ceux-là mêmes qui les calomnient ne le font que du bout des lèvres. Tous, maîtres et conducteurs d'ateliers, ont expérimenté, pour ainsi dire, la valeur intellectuelle et morale de ces noirs d'Afrique, dont ils exploitaient la sueur et les souffrances. Et une question ethnographique n'a rien à faire ici avec une question de droit et de justice.

D'ailleurs la nature même de l'esclavage condamne le maître à ne voir dans l'esclave qu'un être inférieur et sans droits humains. Il en était de même dans l'antiquité. L'affranchi, pas même ceux qui devenaient les favoris et presque les ministres des Césars, ne pouvait jamais faire oublier son premier état ; et les beaux génies eux-mêmes de ces temps curieusement philosophiques partageaient paisiblement ces cruels préjugés.

Il appartenait au christianisme, le spiritualisme le plus généreux et le plus divin qui eût encore éclairé l'humanité, de détruire à jamais l'esclavage et les préjugés qui pesaient si lourdement à cette époque sur toutes les races de l'Asie et de l'Europe.

Il appartient de même au spiritualisme de l'idée chrétienne, mêlé aux plus hautes doctrines des écoles modernes, d'opérer dans la grande république américaine la réaction humanitaire qui lui donnera, avec la liberté et la légalité, qu'elle possède déjà à un si haut degré, la fraternité et l'égalité, qui ajouteront de nouveaux rayons à son glorieux drapeau étoilé.

Ce drapeau, symbole de la personnalité humaine, du libre arbitre et de la démocratie, flottera plus beau, plus admiré dans le monde.

Il sera, aux yeux de l'Europe en travail, la solution à jamais complète d'une des plus grandes questions qui aient occupé l'esprit humain dans aucun temps : la question de remplacer l'ancien régime théocratique et féodal par la république, le libre examen, la justice et le droit ; la question de couronner enfin l'œuvre inachevée de la révolution française, conséquence et continuation de la révolution inaugurée par Luther au XVIe siècle.

Telle est la tâche, belle entre les plus belles, que peut accomplir la république fédérale des États-Unis. Cette tâche, elle n'a pas été accomplie par la lutte immense que le gouvernement de l'Union vient de soutenir avec tant de gloire contre les États du Sud, au nom de la liberté des noirs. Mais elle a été généreusement et noblement entreprise.

Peu importe que cette guerre sanglante ait mêlé à ses motifs des intérêts de priorité politique et commerciale entre le Nord et le Sud. L'important c'est qu'elle n'a pu s'achever avant la proclamation de la liberté générale. Tant la force des choses est une grande puissance en ce monde.

Cet acte de justice et de réparation honore au plus haut point la grande nation américaine. Elle s'est attiré par là l'admiration, l'estime, la sympathie du monde entier. Elle en recueillera dans la suite les bénédictions du ciel.

Mais il lui reste, comme il vient d'être dit, à couronner son édifice. C'est en détruisant l'*esclavage du préjugé*, tout aussi répandu, tout aussi lourd dans le Nord que dans le Sud ; c'est en reconnaissant à tous les citoyens, blancs, noirs ou verts, de la république fédérale, les mêmes droits civils et politiques, que l'Amérique du Nord aura fait dans les temps modernes ce qu'a fait le Christ dans l'antiquité : détruire l'esclavage et créer la fraternité au moyen de la justice !

Les noirs, qui l'ont aidée à créer cette prospérité qui fait sa puissance en ce moment, l'aideront de même à la maintenir, à l'étendre, à l'affermir.

Elle aura en eux des citoyens dévoués, laborieux, courageux, prêts à verser leur sang pour la défendre.

Il ne faut proscrire ni les races ni les croyances. Louis XIV, en persécutant les protestants, a affaibli la nation française. Philippe III, en proscrivant les Maures, a commencé la décadence de sa monarchie.

La tolérance est la doctrine du xixe siècle. Et la tolérance signifie la destruction des préjugés, la fusion des croyances dans la religion des bonnes œuvres, la réunion des races dans une humanité pacifiée et réconciliée.

La grande république, après avoir grandi par la fortune, grandira encore par l'âme et par le cœur, ce qui n'est pas la plus petite des grandeurs.

La couleur d'un homme n'est qu'un des mille aspects de l'infinie variété de la nature. C'est une déraison, c'est une petitesse et un sacrilége d'en faire un motif de proscription ou d'exclusion.

Ces injustices et ces superstitions ne sont pas faites pour les temps de lumières où nous vivons. L'intelligence et le cœur égalisent toutes les races humaines.

Les États-Unis ne resteront pas au-dessous du devoir et de la raison.

La tâche est d'autant plus facile que la république américaine, surtout dans le Nord, compte de nombreux philanthropes qui, dans les temps les plus difficiles, n'ont cessé de plaider, sur cette question brûlante, la sainte cause de l'humanité. C'est leur voix inspirée qui a enflammé le cœur de l'héroïque John Brown, mort comme Socrate et comme le Christ, au service de la vérité. C'est encore cette même voix qui avait préparé la glorieuse issue de la lutte longue et terrible à laquelle le monde vient d'assister.

L'idée de la réparation, de l'émancipation, une fois émise, il fallait qu'elle s'accomplit. Le monde est façonné par la parole.

L'intérêt matériel, sans avoir à s'effacer devant la doctrine spiritualiste, peut, en se modifiant, reconnaitre ses droits suprêmes dans la vie sociale, et s'allier avec elle pour donner la paix et le bonheur au genre humain.

L'argent n'est pas l'unique dieu de ce monde. L'argent n'est pas un dieu. D'autres diraient : C'est un démon. Nous qui, sans l'adorer, n'avons pas de motif de le maudire, nous voyons en lui un simple moyen de donner du bien-être aux hommes, et de faciliter aux masses l'accomplissement du devoir, seule fin morale, seule destinée de l'homme ici-bas.

La culture des intérêts positifs n'est pas incompatible avec le culte de l'âme et du sentiment. Et la prospérité industrielle des nations n'est pas opposée au régime de l'égalité et de la fraternité.

LES NATIONALITÉS AMÉRICAINES

ET

LE SYSTÈME MONROË.

LES NATIONALITÉS AMÉRICAINES

ET

LE SYSTÈME MONROË.

Colomb n'était plus un fou, et le Saint-Père lança une bulle par laquelle il faisait don à la couronne d'Espagne de toutes les terres découvertes et à découvrir par les vaisseaux espagnols dans le Nouveau-Monde.

Bientôt la puissance espagnole s'étendit de la Floride aux terres voisines du détroit de Magellan. Et en vertu de l'absolutisme du droit divin et théocratique de sa souveraineté en Amérique, l'Espagne n'eut de politique que la force et la violence pour coloniser ses nouvelles possessions.

Une race humaine tout entière disparut dans les Antilles. Jamais massacre n'avait été organisé dans de si vastes proportions. Les *Caraïbes* résistaient à l'invasion. Ils voulaient conserver leur liberté, vieille comme la création.

Ils ne connaissaient ni la poudre à canon ni le canon. Les Espagnols les réunirent pour les faire assister à des jeux, à des spectacles européens. Ils vinrent, et s'attroupèrent en masses compactes devant les batteries d'artillerie, chargées à mitraille, et convenablement disposées dans leurs savanes. Toutes les pièces faisaient feu à la fois..... Des peuples entiers disparurent ainsi.

Ceux qui échappaient à ces exécutions sommaires furent rélancés, fusillés, sabrés, enfumés, dans les dernières retraites de leurs montagnes.

Aujourd'hui il ne reste pas la moindre trace de ces peuples. Pas un seul homme qui rappelle les premiers habitants de ces îles fortunées, qui n'en ont gardé que les grottes sacrées où ils célébraient le culte de leurs dieux.

Cependant il arriva qu'il ne fut pas si facile d'exterminer les populations du continent. Occupant un territoire plus étendu, et formés en corps de nations plus considérables, les Indiens de la terre ferme résistèrent aux Espagnols. Vaincus mais insoumis, ils se maintinrent sur le sol qui les avait vus naître. Ils étaient en train d'y élever une civilisation, qui eût pu atteindre à de magnifiques proportions, en s'alliant plus tard à la civilisation de l'Europe. Leurs capitales étaient remplies de statues, de bas-reliefs, de médailles, de vases, d'hiéroglyphes, qui offraient une grande analogie avec les arts de l'antique Égypte.

Si, au lieu de les subjuguer par le fer et la flamme, on leur eût offert une alliance humanitaire, en vue de détruire les superstitions qui les dégradaient, et de les rattacher au mouvement social de l'Europe par les liens du commerce et de la politique ; l'Amérique eût peut-être présenté dans les temps actuels un aspect grandiose et florissant. Et des crimes sans nombre et sans nom n'eussent pas été commis, au nom d'un Dieu d'amour et de charité.

Du mélange ultérieur de ces peuples avec le sang espagnol naquit la race hispano-américaine, qui devait venger les victimes, et vouer au nom espagnol cette haine implacable qui se manifeste de nos jours.

La révolution française éclata sur le monde. La déclaration des droits de l'homme arriva en Amérique.

Déjà le Nord s'était séparé de sa métropole, pour pratiquer les vérités sociales révélées par les philosophes du xviiie siècle.

L'ile d'Haïti proclama l'abolition de l'esclavage, et créa la seconde nationalité américaine.

Le contre-coup de ces deux grands événements de l'histoire moderne agitait déjà sourdement les colonies espagnoles du continent, quand Napoléon fit franchir les Pyrénées à ses armées.

La situation politique et militaire de l'Espagne à cette époque n'était pas de nature à inspirer aux descendants de Guatimozin et des Caciques une bien grande fidélité pour la métropole. Les héritiers de la puissance de Charles-Quint et de Philippe II étaient prisonniers en France.

La politique du roi Charles IV et du favori Godoï, au milieu des grands événements qui venaient de se dérouler en Europe, avait déjà porté la plus mortelle atteinte au crédit du nom espagnol dans le monde. En un mot, le trône des Espagnes perdit tout son prestige en Amérique, et les colonies se soulevèrent.

Des hommes dignes d'occuper une place supérieure dans l'histoire de l'humanité, se signalèrent dans cette lutte multiple et acharnée, qui dura de 1808 à 1826. Le plus remarquable d'entre eux, Bolivar, que son caractère noble et désintéressé place sans contredit à côté de Washington, et que les difficultés qu'il eut à vaincre placent bien plus haut encore dans les annales du Nouveau-Monde, affranchit l'Amérique méridionale.

Sans ressources, sans appui, sans amis au dehors, il dut recourir à tous les expédients pour soutenir une lutte inégale, sans cesse renaissante, et où il n'avait, contre les flottes et les armées, qu'une âme supérieure aux revers et un peuple résolu d'être libre.

Il s'adressa enfin à la république d'Haïti. Un homme célèbre gouvernait alors ce pays nouvellement émancipé. Pétion venait de faire, sous les ordres de Dessalines, avec une valeur et une intelligence que rien ne surpasse, la guerre de la liberté et de l'indépendance de son pays. Le ciel avait béni les efforts des citoyens d'Haïti, et en récompense de ses services, le général Pétion, après l'élection d'Henri Christophe, avait été appelé à la présidence de la république.

Il accueillit avec empressement les démarches de Bolivar. Il rêvait, après l'affranchissement de son pays, une Amérique indépendante et solidaire des destinées de ses diverses nations. Il donna à Bolivar les secours en hommes et en argent que l'État de la république lui permettait d'offrir. Et Bolivar, sur sa demande, lui promit de faire rendre la liberté aux esclaves de la Colombie.

Ainsi le sang haïtien, après avoir coulé dans les mornes de Saint-Domingue pour la liberté de la race noire et la nationalité haïtienne, se répandit une seconde fois dans les plaines de Vénézuela, pour l'indépendance générale de l'Amérique.

Bolivar eut la gloire d'affranchir son pays et de constituer, en 1819, une troisième nation indépendante dans le Nouveau-Monde. Cette nation, primitivement appelée la Colombie, forma depuis les trois républiques confédérées de la Nouvelle-Grenade, de Vénézuela et de l'Équateur.

Si la grandeur d'un homme se mesure à la force de son caractère, à l'élévation de sa pensée, à l'énormité des obstalces vaincus pour arriver à un but louable et généreux, Bolivar est certainement l'un des plus grands noms de l'Amérique.

Les autres colonies s'émancipèrent de même l'une après l'autre. Dès 1810, la Plata avait secoué le joug, et s'était constituée en république Argentine. Le Mexique se souleva en 1811, et obtint enfin sa liberté en 1821. Le général Saint-Martin, dans la même année, proclama l'indépendance du Pérou. La victoire d'Ayacucho délivra la Bolivie en 1824, et la république reconnaissante s'appela du nom béni de Bolivar.

Cet homme illustre, qu'on peut appeler le libérateur de l'Amérique du Sud, après avoir délivré son pays, alla mettre le comble à sa gloire, en remportant dans le Pérou la grande victoire de Junin, qui consolida définitivement l'indépendance du Pérou et de la Bolivie, et donna la paix à toutes ces nouvelles nations du Nouveau-Monde, dont les droits n'ont plus été contestés depuis le triomphe d'Ayacucho, préparé par la bataille de Junin. Enfin le Chili, en 1826, put définitivement obtenir son indépendance.

L'esprit d'émancipation pénétra aussi dans le Brésil. Le roi de Portugal, que l'invasion française de 1806 avait forcé de se réfugier à Rio-Janeiro, put réprimer le soulèvement de Pernambuco. Mais au retour de la famille royale à Lisbonne, le Brésil se détacha de la métropole, et forme aujourd'hui un État indépendant, gouverné cependant par un empereur de la maison de Bragance.

Délivrées du joug de l'étranger, les populations américaines se constituèrent toutes en république. La leçon leur en avait été donnée par le Nord.

Sorties de l'oppression et nées du plus grand mouvement philosophique qui eût encore donné le branle à l'humanité, elles ne pouvaient choisir un autre mode de constitution que la forme analytique et égalitaire de la république..

La république est probablement l'avenir de l'Europe et du monde. Il est peut-être réservé à l'Amérique de vulgariser dans la pratique cette forme de gouvernement, qui est la conclusion de toutes les théories libérales de l'Europe moderne.

Ainsi, tout le continent américain était libre, à l'exception du Canada. L'Espagne n'y avait plus un seul pouce de terre; mais elle n'en était pas sortie tout entière.

Elle y avait laissé en quelque sorte son esprit de quiétisme monacal et ses goûts fastueux de loisir oriental, qui arrêtèrent malheureusement les progrès matériels de ces nations, qu'elle avait possédées durant trois cents ans.

Depuis le xvie siècle, l'exploitation des mines d'or de l'Amérique avait commencé le travail de plus en plus progressif de la destruction de l'agriculture et de l'industrie en Espagne. Ces richesses funestes habituèrent la nation à l'idée de jouir sans effort, sans travail; affaiblirent graduellement la monarchie, déjà fortement atteinte par l'expulsion des Morisques, qui y exerçaient avec intelligence les industries d'où sort la prospérité des nations.

Cet esprit de jouissance facile et sans labeur s'était implanté dans les colonies, surtout dans les classes élevées, qui ont eu en main, à l'époque de l'émancipation, l'administration des nouvelles républiques.

La conduite du gouvernement et l'exercice des hautes fonctions publiques y devinrent l'objet d'une compétition incessante et trop peu désintéressée. Plusieurs chefs de ces républiques abusèrent du gouvernement au profit de leur fortune particulière. Ces infidélités politiques amenèrent des révolutions, et ces bouleversements, malheureusement justifiés par leurs motifs, n'ont pas permis aux républiques de l'Amérique centrale et méridionale de grandir à l'instar de leur aînée, la grande république des États-Unis.

Celle-ci, il faut en tenir compte, était née dans des conditions autrement favorables. D'abord, les premiers citoyens des États-Unis étaient des Anglais établis en Amérique, pourvus de capitaux considérables, propriétaires du sol, habiles dans tous les arts de la civilisation européenne, et déjà en possession de tous les moyens scientifiques de progrès, qui faisaient à la même époque la puissance économique de l'Angleterre. Ils n'avaient fait que changer de nom.

Ils n'ont eu qu'à continuer la marche ouverte par la mère-patrie. Il n'ont eu besoin d'aucuns secours étrangers, et ont pu facilement, d'eux-mêmes, accomplir avec le temps cette étonnante prospérité que le monde admire aujourd'hui.

En outre, la grande nation de l'Amérique appartient à cette forte race anglo-saxonne, dont le positivisme et l'activité matérielle sont, dès l'origine, le caractère distinctif.

L'imagination, le rêve poétique, la spéculation métaphysique, n'entrent pour rien dans le tempérament de ces races du Nord, dont les premières conditions ont été la lutte incessante contre les obstacles de la nature, accumulés sous leur ciel inclément. Lutter avec les choses, combattre la matière, leur a appris à la vaincre, à la faire servir à leur puissance.

Réunis en société politique pour vivre en sécurité, et tirer leur *confort* de la prospérité générale, les Américains du Nord se sont bien pénétrés de ce but, et, sans dévier de la ligne droite, se sont gouvernés en conséquence.

Cette netteté de vues et cette rigidité de conduite ne pouvaient se trouver dans les républiques méridionales, nées sous le ciel ardent des tropiques. Les magnificences de la nature et les traditions poétiques des premiers Indiens, devaient donner à ces peuples plus d'imagination que de sens pratique.

Si l'on ajoute à cela le mysticisme de saint Ignace et de sainte Thérèse, importé par les conquérants, on aura une idée assez juste du génie de ces nations, plus contemplatif que positiviste.

Cependant, par le fait de la colonisation, elles descendent aussi de la race latine de l'Europe. Cette race brillante et généreuse, qui a produit la civilisation des temps modernes, ne saurait rester inféconde en Amérique. Et ce serait même une question, de savoir si les républiques du Midi sont en retard, eu égard aux circonstances au milieu desquelles elles ont pris naissance.

Leur métropole n'y a point laissé, comme aux États-Unis, les éléments, les germes de progrès que l'État du Nord a si puissamment développés. L'exploitation des mines et quelques cultures tropicales ont été l'unique fait de la colonisation.

Les arts et les industries de l'Europe n'y avaient point été importés. A leur émancipation, ces peuples se sont trouvés sans moyens, sans ressources disponibles. Il leur fallut tout créer par eux-mêmes.

Dans le même moment, une civilisation luxuriante se développait en Europe, et leur inspirait le goût de toutes les jouissances raffinées qui font le charme de la vie européenne. La tentation de jouir dut les gagner, et au rebours de l'ordre naturel, ils voulurent la jouissance avant d'avoir longuement et patiemment travaillé pour l'obtenir dans les conditions normales de l'ordre économique.

De là, la compétition des fonctions publiques et les agitations politiques, qui ont entravé le développement de ces nations intéressantes.

Il est bon de remarquer que les États de l'Europe ne s'étaient pas formés dans de semblables conditions. La civilisation romaine avait été complétement détruite par les invasions. Il n'en était resté aucune splendeur pour tenter les passions des peuples nouveaux.

Au contraire, l'idée chrétienne, seule alors debout dans le monde, soumettait toute l'Europe à sa discipline austère et inflexible.

Et même au milieu de ces circonstances favorables à la formation régulière et méthodique des sociétés, l'Europe passa des centaines d'années dans les agitations et les bouleversements, et n'est entrée dans les voies du progrès que vers le milieu du XVe siècle. Elle a mis quatorze siècles à accomplir cette civilisation qui la place aujourd'hui à la tête de l'humanité, et qui efface par son éclat et ses résultats effectifs tout ce que l'histoire rapporte des civilisations antérieures les plus splendides, les plus puissantes.

Les républiques américaines n'ont pas encore cinquante ans

d'existence. Peut-on à bon droit les taxer d'impéritie ? N'y a-t-il pas, au contraire, beaucoup à attendre de ces nations encore naissantes, et qui manifestent à un haut degré les principales qualités du génie des races latines?

En effet, l'amour des arts, le goût des lettres, la culture de l'imagination, traits caractéristiques des peuples du midi de l'Europe, choses presque inconnues dans les Etats-Unis, se révèlent d'une manière remarquable dans le Sud.

Il y a là toute une littérature qui s'annonce, qui bégaie avec grâce ses premières harmonies au milieu du concert des forêts immenses de ces pays si éminemment poétiques.

La forme lyrique, comme il arrive à la naissance de toutes les littératures, est celle qui prédomine jusqu'ici. Il s'imprime à Caracas, à Bogata, à Lima, à Santiago, dans toutes ces capitales en éclosion, des poésies suaves et touchantes, que Quintana ou Lope lui-même eût signées à chaque ligne. Les autres formes littéraires n'ont pas encore paru. Le drame a été essayé, mais sans succès digne d'être noté. Il faudra plus de temps, plus de maturité au génie national de ces peuples, pour créer et réussir dans les genres supérieurs, qui demandent plus de travail, plus de réflexion, plus d'étude.

La musique semble être née dans ces pays. Elle est, pour ainsi dire, l'instinct suprême de ces races à la parole mélodieuse et accentuée. Chacun la cultive avec succès. Tous ceux qui ont voyagé dans ces contrées doivent garder dans leur cœur le souvenir d'une de ces mélodies vagues et plaintives, qui sont comme la révélation rhythmée du génie de ces peuples.

Ce n'est pas encore, bien entendu, l'art savant et profond qu'on va méditer dans les opéras de l'Europe; c'est une inspiration naïve et spontanée, issue de la nature du pays, de la tournure originale des esprits, charmante, touchante, mélancolique surtout, et destinée probablement à produire des chefs-d'œuvre quand elle se sera soumise aux règles classiques de la science.

Aucune de ces républiques ne manque d'hommes intelligents et instruits, capables de grands travaux d'esprit, et pouvant mener à bien le sort de leur pays, une fois constitué dans l'ordre et la liberté légale.

Il suffirait de ces manifestations du génie particulier de l'Amérique méridionale, pour y découvrir le germe d'une civilisation brillante et féconde.

De leur côté, il leur suffirait d'allier à la délicatesse de leur organisation artistique un peu de ce sens pratique et rationnel, pour se donner des institutions convenables, étendre leur agriculture autant que l'exige le commerce important qu'elles font avec l'Europe, créer l'industrie, l'activité individuelle, se faire enfin un milieu d'ordre, de prospérité, de stabilité définitive.

Et leur intérêt le plus pressant, à tous les États indépendants de l'Amérique en général, leur honneur, leur avenir, leur impose l'obligation de hâter le développement de leurs progrès matériels, de centupler leurs efforts, de ne pas perdre une minute, pour réaliser la prospérité agricole et industrielle à laquelle ils sont appelés par l'incomparable facilité de leur sol et l'avantage de leurs climats.

C'est alors qu'elles seront affranchies de la grave préoccupation que leur cause l'extension toujours croissante de la puissance de la république fédérale du Nord, et qu'elles pourront, elles-mêmes, être les arbitres et les garants de l'équilibre américain.

Les États-Unis, en effet, depuis une trentaine d'années, ont pris, aux yeux des autres peuples de l'Amérique, l'attitude que tient la Russie en Europe depuis l'affaissement de la puissance ottomane; attitude que les Turcs eux-mêmes avaient gardée si longtemps, et qui a fait trembler l'Europe, jusqu'à la victoire de Sobieski.

Par suite des succès de la grande nation du Nord, une doctrine ambidextre, jusqu'ici inexpliquée, s'est fait jour aux États-Unis. M. Monroë lui a donné son nom, et sa formule est en deux mots d'un laconisme équivoque, qui inquiète à la fois l'Europe et l'Amérique : *L'Amérique aux Américains.*

Que signifie cette maxime ? *That is the question.*

On peut l'envisager sous trois points de vue différents.

Premièrement, elle peut signifier : L'Amérique affranchie de toute intervention, de toute immixtion européenne. — L'Amérique aux habitants de l'Amérique sans aucun rapport avec l'Europe. — Le principe serait trop absolu, puisque tous les peuples de la terre doivent vivre en communion d'idées, de sentiments, de rapports politiques, commerciaux, économiques.

Secondement, elle peut convier toutes les populations du nouveau monde à s'affranchir de toute domination européenne. — L'Amérique aux nations de l'Amérique. — Ici la grande république fédérale serait dans son rôle légitime de grande puissance américaine, préparant l'émancipation générale de l'Amérique, et consacrant surtout l'autonomie individuelle des diverses nations qui s'y sont déjà formées.

Troisièmement enfin, comme les citoyens des Etats-Unis se sont appelés simplement Américains, la maxime Monroë peut vouloir affirmer la domination exclusive des Etats-Unis sur tout le reste de l'Amérique. — L'Amérique aux Etats-Unis. — Mais ce sens serait un non sens, puisqu'il n'y a pas de domination universelle et absolue possible dans le monde ; et serait en même temps un contresens, puisque le principe de la république démocratique exclut l'idée inique et absolutiste des conquêtes, et que la constitution même des Etats-Unis, basée sur ce principe social, interdit expressément à la République l'envahissement des peuples étrangers.

Les nations sont faites comme les hommes, avec les mêmes défauts, les mêmes passions. Le succès, qui devrait les satisfaire et les élever, ne fait que les irriter pour ainsi dire, et les pousser vers l'impossible, où ils trouvent infailliblement leur ruine.

L'histoire est pourtant là, pour les avertir, les éclairer, les corriger, leur enseigner le bon chemin.

Cette idée fatale de la domination universelle a déjà travaillé bien des peuples, bien des têtes, et toujours les a perdus.

L'empire romain est tombé par la juxta-position forcée et contre nature d'une multitude de peuples, divers de race, de langue, de mœurs, de croyances. Toutes ces parties hétérogènes, qu'on a pu un instant administrer à grand'peine, avec les plus dures exactions et au moyen des plus odieuses violences, tendaient constamment à se séparer du despotisme central. Au premier effort des Barbares, tout cet échafaudage a croulé, toute cette puissance factice s'est évanouie. Rome avait été bien plus forte quand elle n'avait que ses murailles et l'Italie.

On sait ce qu'a duré l'immense empire de Charlemagne. Son petit-fils n'a pas porté cette couronne d'Occident, qu'il était allé se faire poser sur la tête par le successeur de saint Pierre.

A son exemple, la maison d'Autriche, accrue d'une manière colossale par un concours unique de circonstances et d'alliances, rêva aussi plus tard la monarchie universelle, et abdiqua son rêve à la paix de Westphalie.

Diodore de Sicile rapporte que la chute de Sémiramis commença à la défaite de son injuste et extravagante expédition dans l'Inde. La fortune l'avait trompée. Cette histoire se rapporte d'une façon frappante à la gigantesque aventure de Napoléon qui, gâté par le succès, heureux de tous les côtés, après avoir formé une monarchie de tout l'Occident de l'Europe, alla chercher sa ruine dans les déserts glacés de la Russie.

Les bornes d'une nation sont tracées par la nature et par le bon sens. La domination universelle est impossible. La force des choses s'y oppose. La nature la condamne. Et l'impiété d'une pareille tentative est toujours frappée du châtiment le plus cruel.

Il y a deux vérités, deux entités dans le monde social : l'être individuel et l'être collectif, l'homme et la société, le citoyen et la nation.

Ces deux êtres ont une existence également indépendante, également libre et inviolable. Il n'est pas plus possible de détruire moralement l'être collectif que l'individu. C'est la loi même de la nature, que ces existences simultanées des individus et des genres. On ne peut pas plus absorber plusieurs nations en une seule, qu'on ne peut confondre plusieurs hommes en un seul homme.

Les peuples ne se forment pas par l'aveugle effet du hasard, ou par la réunion forcée d'éléments dissemblables, arbitrairement groupés par la main du vainqueur. Il y a des raisons intimes d'histoire et d'origine, il y a des liens naturels de sang, de mœurs, de traditions, de tendances, pour composer ces réunions d'hommes qu'on appelle des nations.

En dehors de ces lois éternelles de la logique des choses, il n'y a pas de société durable, ni possible en ce monde. Les peuples sont faits pour s'entendre et pour s'aimer. Mais même pour accomplir cette loi suprême de la nature, il faut qu'ils soient libres et maîtres d'eux-mêmes.

D'ailleurs, la grandeur d'une nation ne consiste point dans l'étendue du territoire qu'elle occupe, mais dans la prospérité qu'elle sait tirer du territoire qui lui suffit. L'Europe est la plus petite des parties de la terre. Elle en est cependant la plus civilisée, la plus puissante.

La république fédérale des États-Unis est trop grande par la pensée, trop sage dans la pratique, pour perdre de vue ces vérités générales, qui remplissent l'histoire, et qui sont faites pour la guider dans la glorieuse carrière où elle marche avec tant d'éclat.

La république des États-Unis a un bien autre rôle à jouer dans le monde, un rôle bien autrement productif, réalisable, humanitaire.

Son territoire immense, qui s'étend d'un Océan à l'autre et du tropique aux confins du pôle, suffit au delà à sa puissante activité. Elle peut y développer une prospérité de plus en plus croissante, et y réaliser les plus difficiles problèmes de la question sociale.

En effet, après avoir atteint à l'apogée de la puissance au sein des lois et de la liberté, une nation qui veut grandir encore, doit porter sa pensée sur l'amélioration toujours plus grande de la condition des classes pauvres, sur l'élévation toujours progressive de l'humanité dans ses individus les plus infimes.

Abaisser les budgets, répandre l'instruction, éteindre les superstitions et les préjugés, rendre l'aisance et le bien-être accessibles au plus grand nombre par le moyen du travail de mieux en mieux rémunéré, adoucir les rigueurs des codes, moraliser les masses, consolider ainsi la liberté et l'égalité; telle est la tâche dernière des nations que le sort comble de ses faveurs, et porte au faîte de la puissance politique. Telle est la tâche qni honorera la civilisation de la république des États-Unis, et que ses progrès rendront plus facile qu'ailleurs, au sein des principes démocratiques qui ont fait sa fortune.

Quant à son action politique en Amérique, l'intérêt de sa gloire et celui de son commerce l'appellent légitimement à l'exercer en qualité d'arbitre des autres nations américaines dans leurs différends entre elles et surtout dans leurs rapports avec les puissances européennes, en vue de maintenir leur indépendance et d'aider ainsi à leur développement.

C'est par une politique de cette nature qu'elle exercera une véritable et salutaire influence en Amérique et dans le monde, et qu'elle se créera en même temps des amis, des alliés solidaires au jour du malheur, que chacun doit prévoir.

La différence des races, des langues, des mœurs, des tendances, rendrait complétement impossible toute arrière-pensée de fusion de ces éléments divers et contraires en un corps de nation, ou en une suzeraineté générale. L'étendue des territoires rendrait également impossible l'administration d'une pareille monarchie populaire.

Et au lieu d'y gagner en force et en puissance, la république américaine, travaillée par la révolte des intérêts divergents, incapable d'harmoniser des parties hostiles et incompatibles, s'épuiserait en efforts stériles, porterait elle-même atteinte au principe de sa vitalité, verrait déchoir sa grandeur si respectée de nos jours, comblerait de joie les partisans obstinés des théories du droit divin, et ferait à l'humanité ce tort immense de la priver du modèle en action d'une république prospère et puissante.

La grande république, dans sa sagesse, ne tombera pas dans cette erreur. Et quand elle a une mission si belle à remplir, elle ne l'abdiquerait pas, de gaieté de cœur, pour adopter un système absolutiste, qui serait le reniement des principes à l'ombre desquels elle a pu grandir.

Elle a, du reste, compris cette vérité; et la meilleure preuve qu'elle en ait pu donner, ça été de reconnaître solennellement, il y a deux ans, la république d'Haïti, qui entretient avec elle un commerce considérable, et qui, tranquille dans son indépendance et développant ses ressources sans inquiétude, augmentera de plus en plus les liens d'intérêt et de politique internationale qui l'unissent à la république du Nord.

Les mêmes intérêts prescrivent la même politique aux États-Unis à l'égard des autres nations de l'Amérique et de tous les peuples du golfe du Mexique. Si l'île de Cuba, ainsi qu'il en est question depuis quelque temps, venait à se séparer de l'Espagne; si la magnifique île de Porto-Rico, dont les principaux habitants s'impatientent de l'administration militaire et exceptionnelle des capitaines-généraux, venait à s'émanciper; ce n'est pas par l'annexion que les États-Unis pourraient y exercer leur légitime influence. Les traditions, un moment surprises, s'y opposeraient dès le lendemain; et de là, des guerres, des sacrifices, des calamités sans nombre, à la place de la luxuriante prospérité dont ces pays incomparables sont généralement susceptibles.

C'est bien plutôt dans les liens d'une alliance protectrice que les États-Unis y développeraient leur intérêt commercial et politique.

C'est par un système semblable que la république fédérale trouverait le développement de son commerce et de sa marine dans les ports des républiques du Midi. Elle seule en Amérique possède une marine marchande, elle seule y cultive le blé, aliment indispensable à tout le reste de l'Amérique ; elle seule y exerce les industries manufacturières dont les produits sont de nécessité première aux populations de tous ces autres États.

Elle y trouverait donc une extension considérable pour sa marine et son industrie, par le transport de ses produits et le retour des valeurs en denrées tropicales, qui sont pour ainsi dire l'unique production des autres nations américaines.

Son intérêt bien entendu se montre ainsi beaucoup plus clairement, de quelque manière qu'on envisage la question, dans l'indépendance laborieuse et protégée de ces États, que dans des annexions contre nature, dont les frais seuls d'établissement et de maintien dépasseraient la limite de ses ressources.

Son action en Amérique doit être, en un mot, le développement de la politique qu'elle a semblé inaugurer au Chili, en protestant seule, dans le cours de cette année, par l'organe du commandant d'un de ses vaisseaux, contre le bombardement de Valparaiso par les frégates espagnoles ; comme elle venait de le faire dans le port du Cap haïtien, par la voix du capitaine Walker, l'un des plus honorables officiers de sa marine, lors de l'inexplicable bombardement de cette ville par des navires anglais.

Son action en Amérique doit être le développement désintéressé de la conduite qu'elle a adoptée dans la grande question du Mexique, occupé par des troupes étrangères protégeant un empereur allemand.

C'est en persévérant dans une pareille politique de solidarité américaine et de désintéressement personnel, c'est en aidant loyalement au rétablissement de la république au Mexique sans aucune annexion de territoire; c'est en couvrant ainsi de son influence morale toutes les autres nationalités indépendantes du Nouveau-Monde, qu'elle se comblera de gloire, et qu'elle remplira la mission providentielle qui lui est départie dans l'histoire.

En dehors de cette conception générale du concert américain, la géographie, la nature, a tracé aux divers groupes de nations américaines, des alliances particulières, en vue du maintien de ce qu'il faudra appeler l'équilibre américain.

Ainsi les Etats de l'Amérique centrale, Guatémala, Nouvelle-Grenade, Vénézuela, l'Equateur, se groupent naturellement avec la république d'Haïti et les îles voisines.

Le Pérou, le Chili, la Bolivie, forment le second groupe; ainsi que le Pérou vient de le prouver en vengeant, à Callao, la destruction de Valparaiso. Les deux nations, réunies dans leur dernière guerre avec l'Espagne, ont agi eu commun comme l'indiquait leur intérêt national, et ont célébré ensemble, dans une brochure qui vient de paraître, les victoires remportées sur l'ennemi commun.

La Plata, le Paraguay, l'Uraguay, composent la troisième union. Le Mexique et l'immense empire du Brésil pourraient choisir leurs alliances particulières avec l'un ou l'autre de ces groupes, en raison de leurs frontières ou des circonstances.

Ces confédérations particulières, non moins que le système général du concert américain, sont indispensables à ces États pour travailler en sécurité au développement des ressources infinies que la nature leur a prodiguées.

Il resterait après cela, pour compléter une Amérique tout entière en voie de civilisation, à humaniser collectivement les peuples de la Patagonie, à y introduire des éléments de travail, d'ordre, de raison, d'organisation sociale.

Victor Hugo a dit une fois : « L'Espagne a eu, l'Angleterre a, » laplus forte marine du monde. Le Nord de l'Amérique parle » anglais, le Sud de l'Amérique parle espagnol. » La moitié de la prédiction s'est presque déjà réalisée. L'autre s'accomplira probablement aussi.

Ainsi, l'unique explication rationnelle de ce qu'on appelle

le système Monroë, c'est l'inviolabilité des nationalités constituées en Amérique.

La civilisation, dans son acception la plus élevée, consiste à remplacer dans l'existence sociale, par la raison et le droit, l'empire absolu de la force, qui est la loi des temps barbares.

La France n'a pas besoin de faire des conquêtes pour tenir le premier rang dans le monde. Son influence morale et initiatrice lui conquiert plus d'ascendant que ses armées, puissance réelle et impérissable, qui seule fait les grands peuples sur la terre.

Tel est le rôle dévolu, en Amérique, à l'illustre et puissante nation des Etats-Unis.

FIN.

www.ingramcontent.com/pod-product-compliance
Ingram Content Group UK Ltd.
Pitfield, Milton Keynes, MK11 3LW, UK
UKHW021631090726
13657UKWH00004B/1568